AF340013

LES

TRAITÉS DE 1815

SERONT-ILS ÉTERNELS?

Paris. — Typographie de Firmin Didot frères fils et Ce, rue Jacob, 56.

LES

TRAITÉS DE 1815

SERONT-ILS ÉTERNELS ?

PARIS

E. DENTU, LIBRAIRE-ÉDITEUR

Palais-Royal — Galerie d'Orléans, 13.

1859

LES

TRAITÉS DE 1815

SERONT-ILS ÉTERNELS?

L'Angleterre ne veut qu'une chose : dominer toute
puissance qui s'élève, affaiblir tout État qui se fortifie
et tenir à tout prix et par tous les moyens les gouvernements et les peuples sous sa main.
  DUVERGIER DE HAURANNE, *De la politique de
la France.*

Je regarde donc l'alliance de la Russie comme
devant un jour attirer la politique de la France, mais
seulement dans le temps de sa plus grande vigueur.
  CH. DE ROTALIER, *De la France.*

Les gouvernements et les écrivains des différents
États de l'Europe invoquent à chaque événement politique les traités de 1815 avec une persistance qui
montre que les passions de cette époque néfaste ne

sont pas éteintes. La France, victime de ces traités, en parle rarement, et il est maladroit aux oppresseurs de rouvrir les blessures qu'ils ont faites. Elle s'est astreinte cependant, quoiqu'ils fussent imposés par la force, à les exécuter avec la plus grande fidélité, bien que plusieurs grands États aient cru pouvoir les modifier à leur guise. On pourrait dire que les traités ne sont faits que contre la France et qu'ils ne sont plus obligatoires dès qu'une clause isolée lui est favorable. En remontant dans l'histoire au delà de 1815, on trouve que la convention d'El-Arich, le traité d'Amiens, la capitulation de Baylen, les traités faits avec l'Autriche (qui n'étaient regardés par elle que comme des trèves), les capitulations de Dresde et de Dantzig, ne furent pas exécutés, et que la neutralité suisse fut deux fois violée. Plus récemment encore, le royaume de Pologne détruit, Cracovie absorbée par l'Autriche, l'île de Périm enlevée à la Turquie, font voir de quelle manière certaines puissances entendent la foi jurée et les droits des tiers.

Cette fidélité de la France à remplir des engagements désastreux autorise à les examiner, à les discuter et même à espérer qu'ils ne seront pas éternels. Ils ne peuvent pas l'être, car ils sont le fruit d'une haine aveugle, de l'injustice et de la violence. Si des traités ont une chance de durée, ce sont ceux

qui satisfont à peu près toutes les parties intéres-
sées. Mais ici il n'en est pas de même ; d'un côté
était toute l'Europe conjurée , de l'autre une seule
nation à qui l'on a voulu faire expier en un moment
vingt ans de victoires. Si les puissances avaient voulu
réellement établir l'Europe sur des bases stables et
justes, elles ne devaient pas faire porter tous les sa-
crifices sur la France seule et profiter elles-mêmes
des territoires qu'on lui enlevait. Mais en 1814 et
en 1815 la modération était dans les paroles et la
violence dans les actes. Il n'y avait pas de neutres ,
par conséquent point de puissance qui pût se porter
médiatrice. Tous les États s'étaient coalisés contre
la France. Leur intervention , que personne n'avait
intérêt à modérer, n'était donc que l'abus de la fortune. Les alliés s'efforcèrent d'affaiblir cette puissance à tout jamais et d'accroître leur territoire suivant leur convenance.

Pour engager les peuples à ne pas prendre fait et
cause dans la lutte, on promettait à l'Italie son in-
dépendance et à la France sa grandeur, à la condition de séparer leur cause de celle de l'Empereur.

Par la déclaration de Francfort (décembre 1813)
on disait à la France : « Les puissances alliées ne font
« point la guerre à la France.... Les souverains alliés

« désirent que la France soit grande, forte et heu-
« reuse, parce que la puissance française grande et
« forte est une des bases fondamentales de l'édifice
« social.... Les puissances confirment à l'Empire
« français une étendue de territoire que n'a jamais
« connu la France sous ses rois, parce qu'une nation
« valeureuse ne déchoit pas pour avoir à son tour
« éprouvé des revers dans une lutte opiniâtre et san-
« glante où elle a combattu avec son audace accou-
« tumée. »

On disait à l'Italie : « Courage, Italiens! le Por-
« tugal, l'Espagne, la Sicile, la Hollande, sont libres ;
« l'Italie seule restera-t-elle esclave? N'hésitez plus,
« soyez Italiens ! Nous ne demandons pas que vous
« nous suiviez au dehors, mais que vous fassiez va-
« loir vos droits et que vous soyez libres. » (W. Ben-
tinck.)

L'Autriche elle-même, malgré ses liens de parenté
avec l'Empereur, disait par la voix du comte de
Nugent : « Italiens, soyez-en convaincus par le ser-
« ment impérial, vous allez tous ensemble former
« une nation indépendante..., etc. »

Après le succès, toutes ces fallacieuses promesses

furent oubliées. On ne pensa qu'à se partager les dé-
pouilles du glorieux Empire, et l'Europe se divisa en
nations spoliatrices et en nations opprimées. Ces
dernières sont bien évidemment la France, l'Italie, la
Pologne et le Danemark. Les écrivains allemands,
qui exagèrent tant l'ambition de la France, oublient
de comparer les territoires de la Prusse et de l'Autriche il y a cent ans à ce qu'ils sont aujourd'hui.

Voici le tableau des changements éprouvés par les
quatre grandes puissances continentales depuis 1741.
On verra que si la France avait reçu un accroissement proportionnel aux autres États, elle devrait
avoir aujourd'hui 64,538,319 habitants, au lieu de
35,800,000, et 546,614 kilomètres carrés, au lieu
de 528,000. Que deviennent devant cette preuve
matérielle les continuelles déclamations des écrivains
étrangers ?

La diminution relative des forces de la France
paraîtrait encore beaucoup plus grande si l'on re-
montait à une époque antérieure. Nous ne nous oc-
cupons ici que du continent et ne parlons pas des
immenses empiétements de l'Angleterre sur tous les
points du globe, à la faveur des grandes guerres qui
occupaient et ensanglantaient l'Europe et qui étaient
soudoyées par elle.

TABLEAU

REPRÉSENTANT L'ÉTAT DES QUATRE GRANDES PUISSANCES
CONTINENTALES AVANT 1789 ET EN 1855.

ÉTATS.	POPULATION			SUPERFICIE en kilomètres carrés,		
	avant 1789.	en 1855.	en plus, en 1855.	avant 1789.	en 1855.	en plus, en 1855.
France. .	28,649,000 (1)	35,800,000 (2)	7,151,000	493,345 (1)	528,000 (2)	34,685
Russie. .	en 1772. 26,936,000 (1)	70,000,000 (3)	43,064,000	17,029,556 (1)	18,730,000 (2)	1,700,444
Autriche.	en 1771. 23,300,000 (1)	37,000,000 (2)	13,700,000	en 1771. 622,125 (1)	670,000 (2)	47,875
Prusse. .	en 1740. 4,497,711 (1)	16,300,000 (2)	11,802,289	en 1740. 105,919 (1)	276,000 (2)	170,081
Total.	54,733,711		68,566,289	17,757,000		1,918,400

Pour rester dans la même proportion d'accroissement, la France devrait donc avoir 35,889,319 hab. de plus, ou une population totale de 64,538,319 hab.,

(1) Malte-Brun.
(2) L'abbé Gaultier.
(3) Bouillet.

et une superficie de 53.299 kil. carrés en plus, ou une superficie totale de 546,614 kil. carrés.

La France, on le voit, en ayant le Rhin pour limite, était loin de grandir en proportion des autres États, puisque toutes les conquêtes de 1789 à 1803 ne faisaient augmenter sa population que de 6,351,000 habitants (Malte-Brun). Cette ambition n'était pas exagérée et provenait de l'ordre naturel des choses. Le Rhin était la limite des Gaules et de la Germanie, et est resté frontière pendant toute la domination romaine. Cologne, Mayence et presque toutes les villes riveraines étaient des colonies romaines, sentinelles avancées de la civilisation antique. Si les Allemands se glorifient du nom de Teutons, nous sommes des Gaulois, et ce sont eux qui sont sur notre territoire. Tacite nous apprend comment la population de la rive gauche est devenue allemande; il nous dit comment les Ubiens, tribu germanique de la rive droite, ayant demandé aux Romains la permission d'occuper la rive opposée, ravagée par la guerre et devenue déserte, l'obtinrent à la condition de défendre la Gaule contre les incursions des autres Allemands. (Tacite, *Description de la Germanie*.) Sous les rois de la première et de la deuxième race, les limites de la France furent plusieurs fois portées au Rhin et même au delà. Il en fut ainsi sous Clotaire Ier, en 558; Clotaire II, de 670 à 679; Thierry, de 679 à 690; sous Pépin le Bref, de 752 à 768; Charlemagne, de

771 à 814 ; Charles III (le Simple), de 898 à 923.

Pendant la féodalité il n'y eut rien de stable, et la position des divers États ne fut fixée que par les traités de Westphalie en 1648, et des Pyrénées en 1659.

Ce n'est pas la France qui depuis cette époque s'est montrée la plus ambitieuse. Ainsi, à la paix d'Aix-la-Chapelle, en 1748, Louis XV, malgré les victoires de Fontenoy, de Lawfeld, malgré la prise de Berg-op-Zoom et de Maëstricht, déclara qu'il voulait faire la paix non en marchand, mais en roi. Il ne voulut rien pour lui, et fit tout pour ses alliés. Cette modération a-t-elle jamais été imitée lorsque la France a eu des revers ?

L'équilibre européen fut surtout rompu à partir du partage de la Pologne. Depuis cette époque la Russie, la Prusse et l'Autriche, réunies pour cette spoliation, eurent un but commun qui leur fit perdre de vue les intérêts généraux de l'Europe. Dès lors commença la prépondérance de la Russie ; mais l'Autriche fut la plus coupable : elle joignit l'ingratitude à la rapacité dans cette spoliation ; car elle avait été sauvée du joug des Turcs par les Polonais et Sobieski.

Un auteur connu (Quinet), s'adressant aux Allemands en 1840, leur disait avec justice : « Vous êtes « d'un pays qui, depuis un siècle, non-seulement a « conservé tout ce qu'il avait conquis, mais encore

« s'est accru de diverses provinces. Vous possédez le
« tiers de la Pologne, les États vénitiens, la Lom-
« bardie, la Dalmatie. La ligne du Danube vous as-
« sure votre agrandissement du côté de l'Orient.
« Nous, au contraire, montrez-nous, je vous prie,
« un coin de la carte où nous n'ayons été dépouillés
« de quelque partie importante de nous-mêmes? Du
« côté de la mer, où sont nos îles, nos comptoirs?
« Ils appartiennent à vos alliés. Du côté de la terre,
« où sont nos places fortes? C'est vous qui les pos-
« sédez. Vous ne savez que trop bien que notre
« frontière est non pas affaiblie, mais enlevée, et
« quelle énorme blessure vous nous avez faite tous
« ensemble, depuis la Meuse jusqu'aux lignes de
« Wissembourg! Par là notre flanc est ouvert....
« Considérez un moment combien la possession de
« la rive gauche du Rhin a de votre part un carac-
« tère hostile pour nous. En occupant ce bord vous
« ne pouvez vous empêcher de paraître menacer;
« car vous avez le pied sur notre seuil. Vous êtes
« chez nous. Vous pourriez pénétrer jusqu'à notre
« foyer sans rencontrer un seul obstacle, tant le
« piége a été bien ourdi. Au contraire, lorsque cette
« rive est à nous, notre position n'est encore que
« défensive. Nous ne sommes pas debout à votre
« porte. Le fleuve reste entre nous, et il est si vrai
« que ces provinces n'entrent pas naturellement et
« nécessairement dans votre organisation nouvelle

« que vous n'avez su comment les y rattacher. Quel
« lien trouvez-vous entre Saarlouis et Berlin, entre
« Landau et Munich ? Je n'y en vois pas d'autre que
« celui du hasard et de la violence…. L'Europe s'a-
« grandissant de tout côté, la France ne peut pas
« seule décroître ; en un mot, il faut ou déclarer
« que nous sommes de trop dans le monde, ou bien,
« admettant la nécessité de notre existence, admet-
« tre les conditions qui nous permettent de vivre…»
Si la France devait recevoir un accroissement pro-
portionné à celui des autres puissances, elle ne le
peut que du côté du Rhin, étant limitée de toute
autre part par la mer, les Alpes et les Pyrénées.

Quand l'Empire a dépassé les limites indiquées par
la nature, il y a été forcé par les coalitions inces-
santes, et d'ailleurs ces acquisitions n'étaient que
provisoires et destinées à servir de compensations,
à la paix générale, pour nos colonies enlevées par
l'Angleterre.

Lord Palmerston disait dernièrement dans la
chambre des Communes que la France n'avait pas à
se plaindre des traités de 1815 qui l'avaient laissée
une des grandes puissances militaires et maritimes,
et maîtresse de son intelligence. Mais toute puissance
est relative. La France, restant stationnaire quand
tout monte autour d'elle, n'est plus à sa place. Si elle
a encore de la puissance et du génie, c'est par la nature heureuse qui lui est propre ; car ses ennemis

avaient la ferme intention de l'enchaîner et de l'affaiblir à jamais.

On les voit tous les jours, surpris et irrités de sa résurrection, se récrier contre sa prétention d'avoir voix délibérative dans les affaires de l'Europe. Ils trouveraient doux de continuer les anciens errements où tout se décidait sans elle et contre elle.

Les traités de 1814 et de 1815 furent imposés par la force, et on ne laissa pas même à la France la faculté de les discuter. A chaque observation de M. de Richelieu les plénipotentiaires répondaient : « Ceci est arrêté entre nous ; il n'y a nulle observation « à faire (1). » Pour être plus certain de n'éprouver aucune résistance, M. de Nesselrode fit une condition impérative au gouvernement du roi du licenciement de l'armée de la Loire, et la France fut livrée désarmée à 1,135,000 ennemis.

Voici la note remise par le duc de Wellington au baron Louis pour la répartition du premier impôt de 186,200,000 fr. pour habillements, équipements et remonte, à raison de 120 fr. par homme, et le reste pour la solde, et qui donne le nombre exact des troupes alliées (*Histoire des traités de* 1815, par Crétineau-Joly) :

____

(1) Capefigue, *Histoire des traités de* 1815.

Autriche............	320,000	hommes.
Prusse et alliés.....	310,000	»
Angleterre et alliés..	128,000	»
Russie............	250,000	»
Bavière............	60,000	»
Wurtemberg........	20,000	»
Bade.............	16,000	»
Hesse.............	8,000	»
Piémont...........	15,000	»
Saxe.............	8,000	»
Total......	1,135,000	hommes.

Ne sont pas compris dans ce nombre ni les Suisses ni les Espagnols. Ces derniers entrèrent en France après l'occupation de Paris, et le duc d'Angoulême fut obligé, pour leur faire repasser la frontière, de les menacer d'un soulèvement du Midi.

Ce premier payement de 186,200,000 fr. avait été fait sous la condition expresse de suspendre les impôts forcés et les réquisitions en nature. Mais les Russes seuls exécutèrent fidèlement cette convention. On eut beaucoup de peine à amener les autres puissances à s'y conformer. Ainsi la Bavière avait frappé pour 18,000,000 de contributions ; la Prusse enleva plusieurs préfets qui voulaient s'opposer à ses exactions, etc. (1).

(1) Les préfets du Loiret, de la Sarthe et de l'Eure.

Voici maintenant les conditions de ces traités que lord Palmerston regarde comme octroyés d'une manière si généreuse, et qu'il avoue cependant, dans un discours prononcé devant les électeurs de Tiverton, avoir été faits uniquement contre la France. En 1815, dit-il, on ne considérait que le danger de la période précédente. Ce danger était la puissance accablante de la France, et c'est contre le retour de ce danger que presque tous les arrangements européens furent faits à cette époque.

Par le traité du 30 mai 1814 la France rentre dans ses limites de 1792. Elle abandonne non-seulement tous les départements de la Belgique et de la rive gauche du Rhin, mais toutes les richesses, toutes les ressources que la France avait accumulées durant vingt-deux ans hors des frontières de Louis XVI; 53 places fortes, toutes occupées par nos troupes au moment du traité; 12,600 bouches à feu, dont 11,300 de bronze; des arsenaux pleins de munitions; des ports avec 30 vaisseaux de haut bord, sans compter les petits bâtiments, etc., etc. Voilà ce que M. de Talleyrand abandonna par l'acte d'armistice du 23 avril 1814, sans conditions, sans compensations d'aucune sorte, pour obtenir une simple déclaration d'armistice, qui ne préjugeait en rien les dispositions de la paix, signée sur ces bases le 30 mai suivant. Un des négociateurs étrangers de cet acte du 23 avril le qualifie d'inadvertance honteuse des signataires français. On estime à un milliard et demi l'importance des seules valeurs mobilières et du matériel qu'il nous coûta. La France abandonna en outre à l'Angleterre Sainte-Lucie, Tabayo, l'île de France et les Séchelles. Elle s'interdit toute espèce de fortifications sur les territoires qu'on lui laissa dans l'Inde, et s'engagea à n'y entretenir que les troupes nécessaires pour maintenir la police. On partagea tous les vaisseaux et bâtiments armés ou non armés qui se trouvaient dans les places maritimes cédées par elle, dans la proportion de 1/3 pour les puissances dont ces places devinrent la propriété, et de 2/3 pour la France, qui renonça en outre à tous ses droits sur la flotte du Texel. La France s'obligeait à reconnaître *d'avance* la répartition que les alliés pourraient faire entre eux des territoires cédés. Elle consentait à ce qu'un agrandissement territorial fût donné au roi de Sardaigne.

En 1815 on perdit encore Philippeville, Mariembourg, Landau, Saarlouis, fortifié par Louis XIV, le duché de Bouillon, plusieurs communes du pays de Gex et quelques districts dont la population s'élevait à 524,000 habitants. Les fortifications d'Huningue furent rasées, avec engagement de ne pas les rétablir. Dix-huit places fortes du nord furent occupées pendant trois ans par 150,000 hommes. Enfin les tableaux et statues acquis par plusieurs traités, et reconnus propriété de la France en 1814, furent brutalement enlevés, sans discussion préalable, par une force armée considérable.

Huit millions furent distribués en 1814 comme gratification aux ministres étrangers signataires de ce traité désastreux. Quatre millions furent donnés entre autres au prince de Metternich, à lord Castelreagh, à MM. de Nesselrode et de Hardenberg. Les autres plénipotentiaires reçurent de 5 à 600,000 fr. chacun. En 1815 on en distribua environ le double. Blücher reçut à lui seul près de trois millions (1).

On peut évaluer les charges pécuniaires de 1815 aux chiffres suivants :

Occupation par 1,150,000 sol-
   dats pendant cinq mois......   400,000,000 fr.
Contributions de guerre.......   700,000,000
Indemnités pour réclamations an-
   térieures à 1814...........   300,000,000
Occupation de 18 places fortes
   du nord pendant 3 ans.....   400,000,000
               Total......   1,800,000,000 fr.

Environ deux milliards.

Un quart des 700,000,000 de francs fut employé à la construction de forteresses sur les pays limitrophes. A cet effet, 20 millions furent livrés à la Prusse ; 60 millions aux Pays-Bas ; 40 à la Sardaigne ; 15 aux provinces du Rhin ; 7 1/2 à l'Espagne.

(1) Vaulabelle.

5 furent destinés à Mayence; 20 pour une forteresse fédérale sur le haut Rhin et 51 pour Saarlouis.

On paya, par une convention secrète, 20 millions à la Russie pour la Pologne, et 25 millions à l'Autriche pour une cause qui n'est pas spécifiée et qui est restée inconnue.

La France, par un article additionnel, garantit à l'Angleterre le payement des dettes de nos prisonniers de guerre, tandis que le cabinet de Londres est sans engagement à l'égard des dettes contractées en France par les prisonniers anglais. Dans cette avidité d'indemnités, l'Angleterre stipule le remboursement de toutes les valeurs mobilières et immobilières saisies ou confisquées sur des sujets anglais depuis le 1er janvier 1793, entre autres les rentes dont ils étaient possesseurs, et cela sans tenir compte des différents décrets de réduction qui ont pu frapper cette nature de valeur. Elle se fit même rembourser les droits de douane payés par les navires de commerce anglais en 1814. Au traité d'Aix-la-Chapelle le duc de Richelieu abandonna toutes les compensations que la France avait le droit d'opposer. Elles étaient considérables.

Les réclamations pour les indemnités particulières prirent des proportions fabuleuses. Tel prince allemand ayant une armée de 50 hommes réclamait 1 million. La ville de Brême en exigeait 3; celle de Lubeck 4; l'Autriche et la Prusse 300. Le duc d'Anhalt-Bern-

bourg allait même jusqu'à réclamer le prix d'engagement de 4,000 reîtres levés par le chef de la
branche d'Anhalt pour venir au secours de
Henri IV.

Toutes les puissances, en demandant des indemnités, laissaient à la France le soin de rechercher les
titres. Elles lui disaient : « Nous affirmons que vous
« nous devez. En nous dispensant de prouver, nous
« attendons que vous fassiez la preuve contraire, et
« si elle est par trop concluante, nous avons la force
« pour nous, qui vaut mieux que le droit (1). »

D'après une déclaration faite à la chambre par
M. de Richelieu le 25 avril 1818, ces demandes s'é-
levaient, en dehors de 180 millions déjà liquidés, à
1 milliard 390 millions. Grâce à l'empereur Alexandre elles furent réduites, et M. de Richelieu put les
solder pour 300,700,000 francs.

Les petits États, quoique ayant presque toujours
été protégés et agrandis par la France, se montraient
les plus avides. Les Pays-Bas, ce royaume de la
veille, création exclusivement anglaise, réclamait,
comme annexe de la Belgique, les départements for-
més par l'ancien Hainaut, par la Flandre et l'Artois.
Les différents États de la confédération demandaient
que tous les départements ressortissant autrefois au
vieil empire d'Allemagne, comme l'Alsace, la Fran-

(1) *Histoire des Traités de* 1815, par Crétineau-Joly.

che-Comté, fussent réunis au corps germanique. La Prusse voulait la Champagne ; la Sardaigne voulait obtenir plusieurs districts limitrophes ; l'Autriche, la Lorraine. Enfin on demandait l'abandon de la première ligne des places fortes. On fit même à cette époque une carte où figuraient, comme retranchées de la France, ces provinces et ces villes. Grâce à l'empereur Alexandre notre territoire fut préservé de cette honteuse spoliation.

Pour s'excuser de n'avoir pas été plus loin, lord Liverpool disait qu'il ne suffisait pas d'enlever des provinces à une grande nation, qu'il fallait encore savoir à qui les donner. De son côté, lord Castlereagh s'exprimait ainsi : « Pour rendre utiles les « cessions de l'ancien territoire, il aurait fallu les « faire très-étendues ; car enlever à la France deux « ou trois millions d'habitants, c'eût été créer un « esprit de vengeance et laisser à cette puissance « tous les moyens d'attaque à peu près intacts. »

Mais, je le répète, la vraie raison de cette modération relative fut la volonté de l'empereur Alexandre ; les autres puissances étaient disposées à combler la mesure.

Les idées de justice, d'équilibre européen, etc., qui brillaient dans tous les discours politiques de cette époque, n'étaient pour rien dans les conditions de la paix, qui changeaient continuellement avec la fortune des armes. Ainsi à Prague les alliés deman-

daient l'Illyrie, les villes Anséatiques et l'indépen-
dance de l'Allemagne et de l'Espagne. A Francfort
ils proposaient, avec plus ou moins de bonne foi, les
frontières naturelles des Alpes, des Pyrénées et du
Rhin. A Châtillon on nous faisait rentrer dans nos
anciennes frontières, et on nous gardait presque
toutes nos colonies. La base de ces propositions va-
riait selon nos succès ou nos revers.

Quelles que soient les causes de notre défaite, soit
qu'on l'attribue aux frimas de la Russie, au nombre des ennemis, à l'épuisement ou à la lassitude de
la France, à l'or de l'Angleterre, nous fûmes vaincus
et nous fûmes traités en vaincus, c'est-à-dire sans
ménagement et sans justice. *Væ victis!*

Mais ce n'était pas assez pour ces *généreux* ennemis, il leur fallait encore des supplices. Les alliés
exercèrent sur le parti royaliste une pression, dont
celui-ci avait malheureusement peu besoin, pour
faire condamner les chefs de l'armée compromis
dans les événements de 1815. Au procès de Labé-
doyère, le prince royal de Prusse, le prince d'Orange,
le prince royal de Wurtemberg, et les ambassadeurs
des principales puissances siégeaient derrière les
juges. Dans le procès du maréchal Ney, M. de Richelieu venait requérir, au nom de l'Europe, le ju-
gement du maréchal. Un grand nombre de condam-
nations à mort et d'exécutions eurent lieu dans toute
la France. Des listes de proscription, obtenues par

les mêmes exigences de parti et d'étrangers , furent dressées contre des militaires de tout grade et contre d'anciens conventionnels.

Même dans leur sens moral et primitif les traités de 1815 ne peuvent être justifiés. Ils furent une violation flagrante de la déclaration du 13 mars 1815, par laquelle les puissances déclaraient s'armer pour maintenir la convention du 30 mai 1814.

D'ailleurs, en 1815, l'empereur Napoléon lui-même acceptait le traité signé par les Bourbons ; ç'est donc seulement pour changer le gouvernement de la France que la guerre fut faite. Les puissances se disaient alliées du roi Lois XVIII, et elles le dépouillaient. Il ne faut pas croire que cette alliance leur fut inutile, car le soulèvement du parti royaliste dans la Vendée y retint plus de 30,000 hommes, qui probablement auraient changé la fortune des armes, dans sa courte campagne de Belgique, et, les armées anglaises et prussiennes vaincues, tout était remis en question pour la coalition. Même après Waterloo le parti royaliste, aidé par l'impéritie des chambres et par la vanité de certains hommes qui croyaient arrêter des armées avec des discours, facilita aux alliés l'entrée de Paris sans combat.

Mais quelque injustes que soient ces traités , ils sont un fait, ils doivent être respectés, parce qu'il n'y a, d'après les principes du droit des gens, que deux manières de briser les traités : la guerre avec ses chances, ou des conventions subséquentes qui les modifient entre les parties qui les ont signés.

La France jusqu'à présent les a observés avec une scrupuleuse exactitude; mais doit-elle toujours et dans tous les cas s'y soumettre? Doit-elle écouter les conseils intéressés de ses anciens ennemis, ainsi que les voix défaillantes de certains de ses fils, et ne jamais essayer de relever la tête? Plusieurs occasions, non suscitées par elle, de briser ses entraves se sont présentées, et jusqu'à présent (malheureusement peut-être) elle n'en a pas profité. En 1830, lors de la révolution belge, la Russie était fort occupée par la Pologne, l'Autriche sentait l'Italie frémir sous son joug, la France n'avait à discuter la question qu'avec l'Angleterre et la Prusse. Dans l'intérêt même de la nouvelle dynastie, on aurait dû exiger d'une voix modérée, mais ferme, la révision des traités. Si une transaction n'avait pas été acceptée, la Prusse aurait supporté tout le poids de la guerre et s'en serait probablement mal trouvée. Mais le roi Louis-Philippe, conseillé par des hommes qui presque tous avaient contribué à la rédaction de ces traités, se laissa conduire par un autre ordre d'idées, et nos chaînes furent de nouveau rivées.

L'occasion passée, que faut-il faire? Notre position est délicate. Nos liens, quoique relâchés, existent toujours, et nous nous en apercevons dès qu'une question importante surgit à l'horizon. Aussitôt les intérêts créés contre nous s'alarment, et l'on voit des coalitions prêtes à se reformer. Malgré leur gravité, faut-il toujours céder devant cette menace et s'en préoccuper outre mesure? Faut-il croire que ces coalitions doivent toujours être victorieuses? Avec cette conviction nous serions condamnés à une infériorité éternelle; songeons plutôt qu'elles ne l'ont été qu'après la perte de notre vieille armée en Russie, et que si l'Empereur avait eu 100,000 hommes de plus en 1814 le résultat aurait été différent. On peut présumer d'après ce qu'il a fait avec si peu de troupes, ce qu'il aurait pu faire avec une armée plus nombreuse. La guerre générale cependant est un danger qu'on ne doit braver que lorsqu'on ne peut faire autrement. La France ne peut plus reculer d'un pas sans périr. Les projets déjà mis en avant en 1815 pourraient s'exécuter, et dans ce cas elle serait condamnée à n'être plus comptée pour rien dans la balance européenne. S'il lui faut de l'énergie et de la fermeté, il lui faut donc aussi de la prudence.

Une révision pacifique des traités serait sans nul doute préférable à un appel aux armes; mais cette révision est-elle possible? L'Angleterre ne s'opposera-t-elle pas à la modification de son œuvre? La jalousie qu'elle montre contre la France dans les plus petites questions prouve assez ce qu'il faut en attendre. Qu'on se rappelle les clameurs qu'occasionna la conquête de l'Algérie, la prise de possession d'Otaïti, le projet d'ouverture de l'isthme de Suez. Voyez les inquiétudes de nos voisins, malgré leur flotte triple de la nôtre, lorsque Napoléon III met sa marine sur un pied respectable! Voyez ces fortifications d'Aurigny élevées sur nos côtes; ces batteries qui s'élèvent sur tous ses rivages en pleine paix, et seulement parce que la France a un gouvernement avec lequel il faut compter! Voyez sa politique actuelle à l'égard de l'Italie! Voyez son indulgence pour les infractions de l'Autriche, son indifférence pour le sort de cette malheureuse contrée; ses craintes pour une modification des traités, parce qu'elle pourrait donner à la France un allié plus puissant!

Quelques hommes, admirateurs de la constitution anglaise, pensent que cette alliance seule est possible; ils regrettent des formes parlementaires semblables à celles de nos voisins, dans l'espérance que cette analogie les rapprocherait de nous. Mais le pastiche de cette constitution anglaise a renversé chez nous trois gouvernements depuis 1814, et jamais des institutions similaires n'ont pu désarmer la défiance et la jalousie britannique. Qu'avons-nous jamais gagné à l'amitié de l'Angleterre? Dans toutes les questions qui pouvaient présenter un avantage à la France, nous l'avons toujours trouvée contre nous. Si en 1830 l'Angleterre s'est mise avec la France pour constituer la Belgique, c'est qu'elle trouvait dans cette alliance un moyen bien plus efficace que la force pour empêcher la réunion. D'ailleurs rien ne prouve jusqu'à présent que cette création soit bien favorable à la France; peut-être lui est-elle hostile. C'est une énigme que le temps seul nous dévoilera.

Là aussi, les clauses avantageuses à la France n'ont pas été exécutées, car le roi Louis-Philippe croyait avoir obtenu la démolition des forteresses élevées contre la France et payées par elle. Il disait, dans un discours de la couronne : « Les places élevées pour menacer la France et non protéger la Belgique seront démolies. » C. Périer disait aussi à la Chambre dans le mois d'août 1831 : « La démolition des places élevées contre la France par la Sainte-Alliance effacera les derniers vestiges de 1815. » Et cependant toutes ces forteresses existent encore. Voici ce qui arriva : Un protocole fut rédigé, le 17 août, à l'insu et sans la participation de la France, qui décidait qu'une négociation aurait lieu entre la Belgique et les quatre grandes puissances pour déterminer le nombre et le choix des forteresses à démolir. Ces puissances trouvèrent probablement qu'ayant été élevées contre la France, elles devaient subsister, et on resta dans le *statu quo*.

Les faits intimes viennent prouver dans quel esprit cet état a été créé. Un publiciste, C. de Varenne, raconte le récit suivant fait par lord Ponsonby : « J'étais envoyé, dit-il, d'Angleterre à « Bruxelles, et je me promenais un jour réfléchis-

« sant à la situation et fort perplexe, quand j'enten-
« dis deux gamins se disputant, dont l'un criait à
« l'autre : Pouilleux de Français! — Eh! eh! pen-
« sai-je de suite, il y a quelque chose à faire avec
« ces gens-là. » Il alla aussitôt chez M. Nothomb, et
de ce moment, dit-il, le royaume de Belgique exista.
Pour l'Angleterre, en effet, il y a toujours quelque
chose à faire quand elle peut susciter un ennemi ou
un embarras à la France. C'est elle qui en soldant
toutesles coalitions si souvent vaincues a amené et
maintenu les traités de 1815; elle en fait un de ses
titres de gloire. Toujours la haine contre la France
a guidé ses hommes d'État. On connaît la réponse
du premier Pitt aux réclamations de la France et de
l'Espagne : « Si nous voulions être justes envers la
« France et l'Espagne, nous aurions trop à restituer ;
« les affaiblir et les combattre est notre unique loi,
« la base de nos succès. »

Lord Castlereagh, après la conclusion des traités
en question, montrait une joie sauvage et se félicitait
d'avoir créé des embarras et des dangers à la France
au moins pour un siècle.

C'est une idée anglaise et toute machiavélique
d'avoir mis les Allemands à nos portes. L'Angleterre
sentait que si la France était séparée de l'Allemagne
par le Rhin, il n'y avait plus de causes de guerre
entre les deux nations ; par conséquent elle perdait
l'allié qu'elle avait presque toujours eu l'adresse

d'immiscer dans nos discussions communes. Il est probable que sous aucun prétexte elle ne voudra, malgré ses déclamations humanitaires, renoncer à cet allié.

Aussi l'instinct populaire en France ne s'y est pas trompé. Malgré les avances que se font les deux gouvernements, les deux peuples ne peuvent se décider à se regarder comme véritablement amis, et, ce qui est remarquable, l'éloignement vient encore plus des Anglais que de nous, assez oublieux de notre nature. Ils ont probablement la conscience de tout le mal qu'ils nous ont fait, et ils sentent que nous ne pouvons et ne devons pas en perdre le souvenir. Il n'y a donc pas grand'chose à espérer de la politique anglaise.

Quant aux Allemands, certes, ce serait une grande sécurité pour eux et pour nous de pouvoir vivre en bons voisins, séparés par une frontière bien définie et commune. En voyant la France consentir à attendre le redressement de ses griefs du temps, des circonstances, ou plutôt encore d'un accord mutuel, l'Allemagne devrait lui savoir gré de sa modération. Mais les passions teutoniques qui, à chaque mouvement de la France, fermentent sur l'autre rive du Rhin, ne laissent pas espérer d'arriver à une transaction amicale de ce côté.

Reste donc la Russie. Là, il y a peu d'obstacles. Nous lui devons de la reconnaissance de sa conduite en 1814 et 1815. Elle n'a pas contre nous cette jalousie de nos voisins immédiats ; nos intérêts sont éloignés ; une certaine analogie de mœurs, d'idées et de religion nous rapprochent. Le seul danger est son immense développement, et il est plus que probable qu'une alliance entre elle et nous la grandirait encore ; mais lorsque toute l'Europe n'a pas reculé devant ce danger pour nous vaincre, pourquoi serions-nous plus ombrageux qu'elle ? Le péril est, au reste, plus grand pour l'Allemagne, qui lui est limitrophe, que pour nous, et peut-être dans cette alliance trouvera-t-on le seul moyen de réunir sous un seul sceptre les tronçons épars de la malheureuse Pologne. Nous n'avons pas d'ailleurs le choix des moyens. Je ne vois que celui-là, et pour parvenir à ce résultat il me semble que rien ne devrait être épargné.

L'Europe en semant l'injustice ne devait pas espérer de recueillir la reconnaissance et la paix. Tôt ou tard cette œuvre de la violence, si elle n'est pas détruite d'un commun accord, le sera par la force. Tant qu'elle subsistera, la tâche de la France ne sera pas terminée. Il faut donc envisager l'avenir d'un œil ferme, et, si un jour la lutte devient nécessaire, s'efforcer de la commencer avec le secours d'un allié puissant, et n'y mettre un terme qu'après avoir obtenu la modification des injustes et désastreux traités de 1815.

Au moment où j'écris, l'Autriche, après avoir refusé toute transaction amiable pour les affaires de l'Italie, vient de tirer l'épée et de porter ainsi atteinte la première aux traités existants. L'Europe va être à même de montrer si elle est juste et impartiale, et de réparer une partie des fautes que la haine lui a fait commettre à une autre époque. Espérons que la nationalité italienne sortira triomphante de la lutte, et que la France et l'Italie, séparées seulement par les cimes les plus élevées des Alpes, formeront deux nations sœurs, pouvant compter l'une sur l'autre, en alliées fidèles, dans la bonne et la mauvaise fortune.

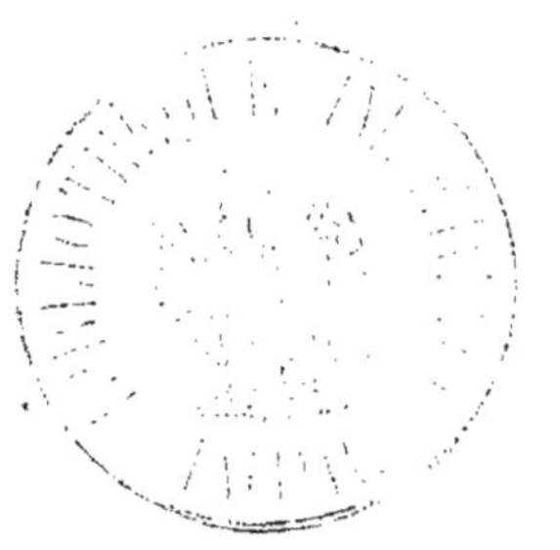